A minha vida
que eu mesmo escolhi

A minha vida
que eu mesmo escolhi

*A palavra eterna,
Um Deus, o Espírito Livre,
fala através de Gabriele,
assim como através de
todos os profetas de Deus –
Abraão, Moisés, Isaías, Jó, Elias,
Jesus de Nazaré, o Cristo de Deus*

Casa Editorial
Gabriele

1a Edição - Setembro 2017
© Casa Editorial Gabriele – A Palavra
Max-Braun-Str. 2, 97828 Marktheidenfeld, Alemanha
www.gabriele-verlag.com
www.casa-editorial-gabriele.com

Traduzido do título original alemão:
„Mein Leben, das ich selbst gewählt!"

A edição alemã é a obra de referência para todas
as perguntas em relação ao significado do conteúdo
Tradução autorizada de
Gabriele-Verlag Das Wort GmbH

Reservados todos os direitos

Pedido No. S 345ptPOD

ISBN 978-3-89201-946-6

Conteúdo

Prefácio

"A minha vida" – igual seja como ela for se formando – eu mesmo a escolhi.

Gabriele, a profetiza e enviada de Deus para o nosso tempo, deu explicações e indicações sobre isto num programa de TV. Estas foram transmitidas por escrito neste livro.

A minha vida
que eu mesmo escolhi

Um poema cuja mensagem dá o que pensar:
"A vida que eu mesmo escolhi".

"Antes que viera a esta vida na Terra,
Foi-me mostrado como a viveria.
Ali estava a preocupação, alí a tristeza,
Lá estava a miséria e o fardo da dor.
Ali estava o vício que deveria me cativar,
Ali o êrro que me aprisionou.
Lá estava a raiva repentina quando sentia cólera,
Ali estavam o ódio e a soberba, orgulho e vergonha.
Mas também estavam as alegrias daqueles dias,
Cheios de luz e de belos sonhos,
Onde não estão mais os lamentos, nem tormentos,
E onde a fonte de dons corre por todos os lados.
Onde o amor dá a felicidade de ser desprendido
A aquele que ainda está atado ao traje terrenal.
Onde a pessoa da qual tirou-se
o sofrimento humano,

Reflexiona, sendo ser elegido,
sobre espíritos mais elevados.
A mim foi mostrado o mal como o bom, Me foi
também mostrado a profusão dos meus defeitos.
Me foi mostrado as feridas das quais eu sangro,
Me foi mostrado a ajuda dos anjos.
E quando eu então olhei para a minha futura vida,
Ouvi um ser me fazer a pergunta:
Se eu me atreveria a viver tudo que havia de vir,
Pois tinha chegado a hora da decisão.
E eu considerei mais uma vez todo o mal –
"Esta é a vida que desejo viver!",
Dei de resposta com voz decisiva.
E tomei silencioso o meu novo destino.
Assim foi que nasci neste mundo,
Assim foi quando entrei na nova vida.
E não me queixo quando
muitas vezes não me agrada,
*Pois antes de nascer já a tinha afirmado."**

* Escritor desconhecido, porém atribuído a Hermann Hesse.

"Minha vida" –
A opinião da pessoa individual –
Deus não fala de Sua vida pessoal

Caros leitores, quantas vezes falamos ou ouvimos falar sobre a nossa vida! Por exemplo, "Eu tive sucesso na minha vida", ou "Eu tive muitos altos e baixos na minha vida", ou "Eu não posso reclamar da minha vida", ou também "Eu tive uma vida dura. Eu estive e estou frequentemente doente", ou "A minha vida foi marcada de golpes de destino", ou "Na minha vida faltou e falta coragem e constância", ou também "Na minha vida eu estive muito sozinho, eu tenho sido solitário e infeliz", ou "Agora minha vida chega ao seu fim. Meu corpo está cansado e velho", ou "Se eu pudesse ser jovem de novo, viveria a minha vida de forma diferente", etc., etc. Cada pessoa tem a sua vida individual. A escala das variedades da vida, vivida por cada pessoa, poderia continuar sem interrupção, porque qualquer um poderia contar sobre muitos detalhes característicos da sua vida terrena. Por incontáveis gerações, cada pessoa teve a sua vida, muitas vezes de acordo com a época em que ela viveu e cada uma com diferentes medidas de alegria e sofrimento, e sempre com interrupções que são o nascimento e a morte.

Através de gerações, cada pessoa teve a sua vida terrena, e isto, até hoje. E de cada pessoa ouvimos que é a sua vida, na qual acredita. Porém, não seria muito estranho, se o eterno espírito universal, a quem nós no Ocidente denominamos Deus, falasse para nós, os seres humanos, de uma vida celestial pessoal, ao invés de falar sobre a verdadeira vida eterna? É, portanto, a vida que continua sem interrupção e que é a lei do Ser eterno, a lei do Infinito, isto é, eternamente, porque Deus é a eterna lei omnipresente, a vida eterna.

Do eterno espírito universal, não ouvimos de que é a *Sua* vida pessoal. A vida que Deus, o Eterno, revela é a vida eterna, também nas assim chamadas Bíblias, que ainda contêm algumas afirmações da verdade, que é Deus. Por que o eterno Espírito universal, Deus, fala da vida *eterna*, e nós seres humanos falamos sobre *nossas* vidas, sobre a vida de cada um de nós?

Esta é uma pergunta essencial e decisiva: Por quê? A que se deve esta diferença evidente? A resposta pura e simples é: trata-se simplesmente de uma questão de consciência.

Deus é a vida eternamente infinita mesma, da qual proveio o universo

Muitas pessoas não veem os detalhes da sua existência num contexto mais abrangente, e, portanto, falam da sua vida, da minha vida. Elas falam a partir da perspectiva da sua consciência humana, limitada. A consciência cósmica ainda está fechada para muitas pessoas, porque elas ainda não cumpriram os passos de evolução espiritual, sendo que falta uma orientação aos Dez Mandamentos de Deus e ao Sermão da Montanha de Jesus.

O Espírito Eterno, Deus, não tem que procurar ou perguntar pela consciência mais elevada, cósmica, porque é Ele mesmo. Ele é a consciência universal, que abrange tudo o que existe.

Deus é a lei do Infinito, a vida eterna. A partir da lei do Infinito, Deus se deu a forma. Assim, no Reino de Deus, Ele é o ser espiritual supremo entre Seus filhos e filhas, os seres espirituais. Ele é Deus-Pai-Mãe. O Deus-Pai-Mãe é também o nosso Pai celestial, porque no mais íntimo da nossa alma, no fundo da alma, somos seres espirituais do Reino de Deus. Nosso Pai celestial não fala da vida de cada um dos seres espirituais. Através de seus mensageiros, através dos profetas e profetisas em todos os tempos, Ele nos ensinou e nos ensina a unidade da vida. A vida é a eterna lei sagrada, a lei absoluta, da qual partiram e partem todas as formas puras.

Deus, o Eterno, nos ensinou por meio dos mensageiros dos céus no Antigo Testamento, que a vida é imperecível. E Seu Filho, Cristo, o Redentor de todas as almas e homens, ensinou no Novo Testamento e, também ensina nos dias de hoje, através da palavra profética, que a vida eterna tem a sua ordem, e que em todas as formas de vida estão as forças do eterno Ser, da lei eterna, DEUS. É a força sagrada da Sua Ordem, da Sua Vontade, da Sua Sabedoria, da Sua Seriedade, da Sua Paciência, igual a Bondade, do Seu Amor e da Sua Misericórdia, igual a Mansidão.

Assim, as palavras do espírito de Deus nos são dadas para refletir sobre elas. Nós, os seres humanos, não deveríamos apenas ouvir ou ler, mas temos que refletir para compreender o que é dito, porque faz parte de nós, tem a ver com a nossa verdadeira vida eterna.

Nós somos cristãos livres, pessoas que seguem Jesus, o Cristo. Não temos uma religião exterior. A religião interior é livre. É a vida – finalmente, a nossa vida eterna. A vida na Terra nós mesmos escolhemos por meio do nosso comportamento. Com o conteúdo da nossa forma de sentir, pensar, falar e agir, a nossa vida na Terra tomou forma. Está, portanto, nas nossas mãos. Por esta razão, somos livres, cristãos livres, que decidem sobre a sua vida.

Do amor de Deus, do Seu coração, provieram e provêm os seres espirituais dos céus. Todas as forças do verdadeiro Ser eterno estão em todas as formas de vida. Assim, elas também estão presentes em cada pessoa, em cada animal, em todos os astros, em toda a natureza. Uma vez que tudo forma uma unidade, todos os planos celestiais fluem como força e luz para dentro dos outros, respectivamente. Assim sucede também em todos os seres divinos.

Todas as forças celestiais são, na sua totalidade, a lei do Ser, a vida. Cada ser espiritual é lei eterna comprimida, portanto, seres na lei universal, que é a vida dos seres espirituais e que os traspassa como alento, como força vital. A lei eterna é a irradiação da luz primordial, DEUS, a vida eterna. Todos os planetas em todos os planos celestiais e em todos os universos estão traspassados e mantidos pela lei eterna. Eles percorrem as suas órbitas, que são determinadas pelo grande condutor, Deus, a lei. Também todas as formas de vida dos reinos da natureza no Reino de Deus, do Ser eterno, estão orientadas para a luz primordial, a lei da vida. É o amor a Deus e ao próximo inalterável.

Isto significa que todos os astros do Reino de Deus, todos os seres espirituais, todas as formas de ser dos reinos da natureza, estão traspassados pela eterna luz primordial, pela lei eterna. Como no reino de Deus puramente espiritual de luz, assim é também nos mundos condensados, parcialmente materiais e materiais – ali, coberto com invólucros, compostos de energia divina rebaixada. Todos os universos, todo o Ser – os seres humanos, os animais e plantas – levam em si a lei universal, DEUS.

Luz e força significa unidade, luz e força é a consonância da lei eterna do amor a Deus e ao próximo. Disso resulta que o verdadeiro amor é a consonância do Ser que não conhece sombras. E o verdadeiro amor é a eterna vida verdadeira, completamente ensolarada.

A vida é, portanto, unidade, consenso, por toda eternidade. Assim, nenhum ser espiritual fala tampouco da sua vida, porque na lei de Deus, é a vida da eternidade. A lei de Deus, da vida eterna, é, desta maneira, também a consonância em todos os seres divinos e nos reinos da natureza do Reino de Deus.

Quando nós, os seres humanos, percebemos e sentimos na sua profundidade estas breves exposições do reino eterno, o Ser eterno, a vida, DEUS, que é a unidade, em muitos, toma-se consciência de que a vida humana na qual tudo gira em torno de "minha vida", só pode ser a vida particular de cada um, mas não pode ser a vida eterna, a vida impessoal da unidade, do amor a Deus e ao próximo. Se nós, os seres humanos, considerássemos a nossa vida terrena como uma curta passagem, como uma trajetória passageira, então poderíamos nos incluir melhor no contexto cósmico total. Compreenderíamos e aprenderíamos, por exemplo, o que significa o nascimento e a morte em relação ao nosso ser eterno. A partir de uma perspectiva mais elevada, nós atribuiríamos um significado completamente diferente às circunstâncias e acontecimentos durante o curso da nossa vida terrena.

O valor da nossa existência terrena, da existência de cada ser humano, é determinado em última instância, por cada um por si mesmo. Ele o cunha de acordo com o seu comportamento em relação aos seus semelhantes, em relação aos animais, às plantas e a toda a Terra.

As formas de comportamento da pessoa resultam dos seus sentimentos, das suas sensações, dos seus pensamentos, das suas palavras e dos seus atos, de tudo o que diariamente sente, pensa, diz e faz. Isso se converte na caracterização do seu corpo, e nisto ele se torna pouco a pouco. Isso é, então, a pessoa e, correspondentemente, a sua alma. Portanto, o que a pessoa faz para o benefício do seu corpo e da sua alma no sentido do bom, na vontade de Deus, ou importuna com o menos bom, igual ao mal, isso ele chama de "sua vida".

A vida terrena do ser humano consiste de suas gravações pessoais, daquilo que ele pensa e fala e das suas opiniões, por exemplo, da sua interpretação do direito e do ter razão, até da justiça. Disto se forma, ao longo dos anos, a sua personalidade individual, o que também poderíamos denominar de lei pessoal, porque ela está ajustada à pessoa, ao pessoal. Isso é, então, o valor pessoal do ser humano, que determina o seu comportamento, a sua trajetória pessoal. E a isto chama ele de "minha vida".

Uma vez que o individuo "ser humano" marca e define a sua trajetória com as suas gravações específicas no seu corpo e na sua alma, de acordo com a lei causal, isto traz consigo consequencias: Disso resulta o que a pessoa tem de aprender - ou então sofrer - na Terra, e a sua alma nas esferas de almas. Essa é a lei de "ação igual a reação"; também chamada da lei de "causa e efeito" ou "semente e colheita". Dito de forma breve: lei causal.

A *lei causal – princípio compensador no pró e contra da existência na Terra e "no além"*

De acordo com a lei que diz que "ação igual a reação" ou "semear e colher" em cada caso, cada um colhe o que ele próprio introduziu antes como semente no seu corpo e na sua alma. Os vários acontecimentos do seu semear e colher são então chamados pela pessoa de "sua vida". Com base nessa trajetória pessoal de prós e contras, no decorrer da sua existência na Terra se desenvolvem alegria e sofrimento. Isso é lógico e compreensível, porém muitos se recusam a aceitar os golpes do destino, as necessidades e doenças como algo do qual eles mesmos são responsáveis. No final, a pessoa tem que admitir que a si só vão chegar os males que correspondem às suas gravações pessoais. Portanto, cada pessoa determina ela mesma a sua trajetória, o que ela chama de "sua vida". No entanto, não devemos esquecer o fato de que esta não é a vida cósmica universal, mas apenas os acontecimentos e as contingências da sua existência terrena, que, como dissemos, ela mesmo determina.

Por outro lado, o divino, o ser puro e eternamente infinito, a vida dos céus, é inalterável e não está ao alcance da pessoa desejosa, egoísta, tacanha. Dado que a lei universal, Deus, o Absoluto, é completa e totalmente bom, então o desejado e ansiado pelo ser humano, o que corresponde à vontade própria e ao egoísmo, só pode ser ruim, isto é, contrário a lei divina, maligno e nocivo.

O corpo humano também pode ser denominado como o invólucro temporal da alma. Essa afirmação leva em si a questão do que vai acontecer depois da trajetória da pessoa, quando o seu invólucro falecer. Onde, então, se encontrará a alma do ser humano?

Uma resposta poderia ser: Cada dia, cada pessoa determina o rumo para a viagem da sua alma que deixa o corpo físico agora rígido, e é atraída para âmbitos do mais além onde esperam as energias de culpas ainda não resolvidas. Elas são os fardos e as ataduras das quais a pessoa já poderia e deveria ter libertado a sua alma durante a encarnação, através do autorreconhecimento e purificação. Toda a pessoa, portanto, determina cada dia onde a sua alma vai encontrar-se após a morte do corpo.

Para aprofundar-se no assunto, uma outra imagem: o ser humano pode ser comparado com um computador. Cada um de nós introduz mais ou menos a cada dia no computador "ser humano" os dados. O ser humano e a alma registram as gravações correspondentes, mas também as constelações planetárias correspondentes recebem os dados de cada ser humano e os irradiam, dia a dia, e pouco a pouco, à alma e ao ser humano. A pessoa experimenta sucessivamente tais gravações correspondentes, portanto, dados que ele tinha gravado no decorrer de sua existência terrena. A alma desencarnada, no entanto, também é estimulada pelas constelações planetárias, a enfrentar isto e purificar o que o invólucro descartado – o ser humano – ao longo das encarnações lhe impôs com pensamentos e palavras. A alma, portanto, é confrontada com as gravações negativas do que foi outrora o seu ser humano e se depara com a tarefa de dissolver estes nós de energia do mal.

Independente de se a nossa colheita nos traz alegria ou sofrimento, de acordo com as nossas entradas, de uma coisa devemos ser conscientes: O importante para o nosso destino presente e futuro é o nosso grau de abnegação e amor ao próximo. Enquanto a pessoa aspira a ser ela mesma o seu próximo, enquanto se mostre e atue nesse sentido, vai gravando causas e mais causas. Muitos, com esta postura egocêntrica vão – dito de forma proverbial – deixando cadáveres pelo caminho.

A lei da liberdade que Jesus de Nazaré nos ensinou, diz que toda pessoa é responsável por sua maneira de pensar e de se comportar, de acordo com o princípio reconhecido pelos seres humanos, de "ação igual a reação", a lei de causa e efeito. De acordo com a lei universal, isso significa de estar ou a favor de Deus, a vida eterna, ou contra Deus, a vida eterna.

A pessoa que está contra a lei da liberdade de vida, inverteu a declaração de "amor a Deus e ao próximo" em "Eu mesmo sou o meu próximo". Da inversão do amor a Deus e ao próximo, gradualmente se formou o conceito satânico de "Eu mesmo sou o meu próximo", que se baseia na falta da liberdade e estar atado a obedecer, de acordo com o princípio:

"Ata, e sê tu próprio o teu próximo". Sob essa postura, que se baseia apenas em amor próprio, sofrem não só os seres humanos, mas sobretudo os animais inocentes, as plantas, os minerais e toda a Terra.

Em algum momento, seja no além como alma ou numa nova encarnação em um corpo humano nas encarnações posteriores, a alma tem de enfrentar as gravações, ou seja, a responsabilidade por si mesma. Nós, portanto, cada um de nós, está sujeito à sua própria escravidão, que pode se manifestar como sofrimento, preocupação, necessidade, enfermidade e outras dissonâncias.

*Compreender e sondar as indicações
provenientes da energia do dia*

Onde poderia estar o primeiro passo para sair desse carrossel de sofrimento, da armadilha do medo daquilo que o nosso caminho através da vida terrena poderia nos trazer? O início, que realmente é como um choque para o nosso autorreconhecimento, é sempre o nosso dia, o dia de cada um de nós. O dia indica claramente o que no passado carregamos ao nosso corpo e à nossa alma, ou seja, as informações que nós introduzimos no nosso corpo, nas células do nosso corpo e na nossa alma. Cada dia nos traz uma parte disso, para ir desfazendo o que de outra forma, em algum momento poderia nos alcançar de forma dolorosa.

Cuidado! Pode ser que hoje, o dia comece alegremente. Com os chamados sentimentos ensolarados em nós pensamos que temos um dia perante nós com muitos lados bons. Então talvez falamos de felicidade e equilíbrio na vida: "Hoje é um bom dia! Estou alegre e feliz". Algumas horas mais tarde, a imagem muda inesperadamente. Por exemplo, nos encontramos com um antigo colega de trabalho e entramos numa conversa. Ele ou ela menciona de passagem uma situação relacionada com o nosso trabalho comum passado. De repente, baixa o nível de alegria e surge um sopro de mau humor, até de depressão. A conversa teve o efeito como das nuvens que cobriram o sentimento de alegria. O que foi? Foi uma indicação que proveio da energia pessoal do dia?

Uma vez que, como se sabe, não existem por acasos, a conversa com certeza foi uma indicação a algo que no passado introduzimos no chamado computador ser humano e alma, posto que a alma e o ser humano, como dissemos, são fontes de gravações que gravam tudo o que percebemos, sentimos, pensamos, falamos e fazemos. Agora cabe a nós questionar esse banho de impressões de sentimentos que colocamos em marcha, e que desencadeou no nosso ânimo uma espécie de confusão de pensamentos que correm de lá pra cá. O que nos quer dizer o dia? O que está, portanto, nos registros chamados "consciente e subconsciente" e também na nossa alma, que uma constelação planetária gravou e que hoje, quer dizer, agora, nos irradia? O que é?

Se você acredita no espírito universal, a quem nós no Ocidente chamamos de DEUS, então colha confiança e ora ao espírito de Deus, que é a lei universal do amor a Deus e ao próximo. Pede por apoio e ajuda. Se pedimos com sinceridade e de todo o coração, também deveríamos tomar tempo suficiente para isso, talvez, à noite, logo quando houver mais tranquilidade, quando o dia com seus muitos afazeres vai acabando, dando a sua mão ao anoitecer. A distância respectiva aos acontecimentos do dia abre o nosso ânimo, de modo que, de repente, compreendemos alguma coisa, porque em nós emerge uma intuição que nos transmite porque o nosso bom humor foi atingido por uma rajada de depressão.

Jesus, o Cristo, nos ensinou: "Pedi e recebereis. Buscai e achareis. Batei e vos será aberto". Deus, que é a vida universal, nos conhece, pois Ele é o nosso Pai celestial.
Deus, o espírito do nosso Pai celestial, está presente em nós. Ele é a vida. Ele conhece as nossas preocupações e necessidades e também nos ajuda na hora da aflição, se nós nos baseamos n'Ele, confiando em que Ele é o condutor do bem.

A perseverança é o caminho para Ele, Deus em nós. Justamente no momento em que podemos entender o que é melhor para nós, este vem ao nosso encontro – talvez no início da manhã ou em alguma situação do dia ou à noite. Sempre no momento em que podemos compreender facilmente, sentimos e vivenciamos o que Deus quer nos dizer. A experiência de ter entendido algo, é o alvorecer de pensamentos e imagens, a partir dos quais podemos entender o que está detrás do nosso mau humor ou depressão. Em todo caso, gravamos na nossa alma e também no nosso corpo físico algo do qual a alma quer se libertar, antes que o seu invólucro, o ser humano, tenha que sofrer os efeitos dessas gravações.

O nosso dia nos dá muitas indicações. Em muitas situações do dia nos quer explicar o que deveríamos questionar e corrigir. Ele, o dia, tem boas intenções para conosco; ele nos adverte a tempo.

Tudo, absolutamente tudo, é energia. Tudo o que parte de nós é energia, que é registrada de acordo com o pró e contra de nosso pensar, falar e agir, e que em algum momento voltará a nós, fatia por fatia. Então, o que nós registramos em muitos, muitos dias de nossa existência terrena, o pró e o contra, forma parte da nossa trajetória como ser humano ou da caminhada da nossa alma depois da nossa morte física.

Aproveita os seus dias na Terra!
A manifestação da força de Deus na
natureza fala sobre a unidade,
sobre o amor a Deus e ao próximo

O dia, o nosso dia, é um bom amigo. O espírito de Deus, nosso Pai, sempre procura fazer-nos reconhecer a tempo, através do nosso dia, o mal que está em nós, para que possamos retificá-lo antes que irrompa sobre nós, no nosso corpo físico ou após o desencarnar, na alma, que nós seres humanos descrevemos como uma vida marcada pelo destino. Cada dia, somos encorajados várias vezes a reconhecer-nos nas situações não boas, para aprender com elas, e conduzir a tempo a nossa trajetória como seres humanos para os caminhos da vida eterna, para que a nossa alma tenha diante de si uma chamada "ascensão aos céus" logo que ela abandone a sua envoltura, o corpo físico.

Se a pessoa não aproveita os seus dias na Terra e se, apesar de todos os reconhecimentos profundos, deixa à rédea solta aos seus pensamentos e todas as suas ações, após a morte física a alma irá de novo caminhar nos reinos das almas, de acordo com as suas cargas, que a pessoa impôs sobre ela com o seu comportamento. E que pode ser o resultado de tal caminhada da alma? Talvez uma nova recaída para a Terra em uma nova encarnação. A alma, que então se introduziu num novo corpo terreno começa novamente a sua trajetória como ser humano. O novo ser humano, com suas gravações que vêm de vidas passadas, chama, então, o seu novo, ou seja, o antigo, destino, de "sua vida dura". As caminhadas da alma e talvez posteriores encarnações da alma num corpo humano, continuam até que a alma e a pessoa tenham despertado para a consciência do que a vida realmente significa.

O todo-poderoso Espírito, Deus, que é a vida, é a unidade. Ele é o Pai de todos os Seus filhos, inclusive nós seres humanos. Ele, Deus, é o Criador de todo o Ser. Ele é a vida em tudo. Em cada pedra, em cada gota de água, na natureza, em cada animal, e como ouvimos sempre de novo, em cada alma, em cada ser humano, está Deus, a vida. Nos elementos, em tudo o que a Terra leva, está a vida. A vida é o alento, Deus, na respiração da pessoa. Tudo vive, porque Deus é a vida. Tudo leva em si o imperecível, porque a vida perdura eternamente.

Absorvamos novamente na nossa consciência: Deus, o Pai de todos os Seus filhos, é o Criador de todo o Ser. Ele se manifesta em tudo com as palavras de revelação "Eu Sou o Eu Sou, a vida". Deus é, portanto, a unidade. Deus é o amor para com toda a Sua criação. O amor a Deus e ao próximo é a revelação da vida nos minerais, em todas as plantas, em cada animal. Em toda a diversidade da natureza está o Espírito universal, Deus, está a vida. A vida é, portanto, unidade e, por conseguinte, o amor a Deus e ao próximo.

A pessoa que fala da "sua vida" e que acredita ser a "coroa da criação", vive vegetando com o seu "Eu mesmo sou o meu próximo", que ele denomina de sua vida, e considera como sua coroa. Sob essa sua coroa, ele assassina, mata, estupra e mostra-se como ladrão da natureza das plantas, e como assassino e abatedor do mundo animal, que, no final, ele também come. Tal como se comporta o camarada ávido sob compulsão, como a suposta "coroa da criação", acredita ter o direito de tirar a vida da natureza e dos animais. Ele, o camarada sob compulsão, ou seja, o perpetrador compelido, é da opinião de que a vida evolutiva, que é o alento de Deus na natureza e no mundo animal, tem menos valor, porque estes seres alegadamente "inferiores" não têm nenhum sentimento em comparação com a chamada "coroa da criação", o ser humano.

Reverência perante a vida – ainda existem sentimentos e a consciência? Embrutecimento ilimitado do ser humano

Com tudo o que a sociedade atual oferece, a questão a fazer é se a alegada "coroa da criação", o ser humano, ainda tem sentimentos que contribuem para formar a consciência? Vamos começar, por exemplo, com o nível de sentimentos de caçadores: o caçador caça as criaturas de Deus, os animais, perseguindo-os pelos bosques e campos e lhes dispara com prazer na espingarda, ou seja, mata. A espingarda é, portanto, o substituto de sentimentos e da formação de consciência. A "coroa da criação", que o caçador acredita ser, tira a vida aos animais. Se levanta a pergunta: Foi ele, o ser humano, que deu a vida ao animal, ou foi o Criador, que é a verdadeira coroa eterna, que é a vida? A chamada caça satânica diz: "Eu mesmo sou o meu próximo". Essa é a compulsão do ego humano, que nada tem a ver com a formação do sentimento e da consciência, no máximo, com sentimentalismo, quando na mesa do bar fala sobre quantos animais ele tinha abatido.

Alguns ego-exibidos são católicos ou luteranos, ou se distinguem com outra religião. O que lhes pode dar a entender o chamado São Jerónimo, que escreveu: *"O consumo de carne animal era desconhecido antes do dilúvio. Mas, desde o dilúvio nos meteu na boca as fibras e sucos fedorentos de carne animal. Jesus Cristo, que veio quando o tempo se cumpriu, voltou a unir o principio com o fim, de modo que não é mais permitido comer carne animal".*

A Igreja Católica, que canonizou o Pai da igreja Jerônimo como santo, celebra inclusive a "missa de Santo Huberto", para abençoar os cadáveres de animais mortos intencionalmente. Não é isso uma zombaria ao seu "santo"?

O ser humano, que se tornou uma máquina de matar em relação aos seres humanos, animais, a natureza e até a Mãe Terra, chama a sua trajetória humana compulsiva de sua "vida". De forma parecida, continua com a chamada "vida lastimável" da qual a malograda coroa da criação ainda se orgulha. A pessoa que se apresenta como a coroa da criação na frase satânica "Eu mesmo sou o meu próximo", cria os chamados animais de abate, que desde o início estão destinados ao açougueiro. A maquinaria mortífera começa já nos estábulos, indignos de animais. Quando os animais de abate estão prontos para o abate, são entregues aos dardos de metal do açougueiro. O açougueiro nos matadouros mata ou dispara, ou seja, assassina, o animal. O seu cadáver é dependurado e cortado, dependendo do tamanho do animal, ou com serras ou com a faca de abate.

Uma pergunta aos chamados criadores de animais de abate e açougueiros: Foram vocês que deram a vida aos animais, já que tomaram a liberdade de lhes tirar a vida?
Deus, que é a vida, não vos permitiu isso. Ele é o Criador dos animais. Ele é o doador da vida. Quem permitiu a vocês, então, fazer isso? Quem!?
O sem consciência, sob compulsão, que está contra a criação de Deus, o Satanás nos perpetradores compelidos e sem sentimentos, é

o assassino dos animais, de todas as criaturas de Deus, porém também o assassino do mundo das plantas, pois Deus é a vida em toda a natureza.

O embrutecimento da máquina social "ser humano" não tem limites. Façamo-nos conscientes dos animais perseguidos e caçados que no bosque, no campo, foram e continuam a ser caçados a tiro ou massacrados com um bastão. Ou ponhamo-nos no lugar de criaturas atormentadas, que são torturadas e maltratadas por causa da sua carne, que se manteve e mantém como animais de abate nos estábulos, muitas vezes indignos de animais, para em seguida levá-los ao açougueiro. Todos eles têm medo nesta situação, na qual a vida lhes é tirada violentamente. Os gritos de medo dos animais e a sua morte assassina, vão na conta da alma dos torturadores e assassinos de animais e das pessoas que aprovam tudo isso.

A carne do cadáver dos animais chega, então, cortada em porções, aos balcões de venda dos açougues e supermercados. O consumidor que desfruta do canibalismo animal, compra um pedaço de carne cheio de sofrimento proveniente da máquina de matar, e serve à mesa, deliciosamente temperado, para ser comido. A pessoa que denomina a sua vida como "a vida" e grandiosamente chama-se a si mesma de "coroa da criação", despedaça no prato com garfo e faca — se por acaso o fizer —ou morde o cadáver cozido com pão ou arranca a carne do osso com os dentes. Isso é a trajetória dos valores do ser humano, que caracteriza como a "sua vida" o que é baseado na frase satânica "eu mesmo sou o meu próximo"! Quem come pedaços de cadáver de animais é cúmplice segundo a afirmação de Jerônimo, a quem a Igreja canonizou, todavia, cujo ensinamento não é respeitado.

O canibalismo de animais sempre dá novos brotos cada vez maiores, porque perdeu-se o sentimento pela vida e, portanto, também a formação da consciência. Os instrumentos de tortura e as ferramentas de matar têm muitos nomes. Os últimos são chamados entre outros nomes: arma, pistola, marreta, dardo, etc. etc. A tortura é a criação de animais para abate e, em seguida, à caminho do matadouro. Como mencionado, em seguida, o troféu esquartejado chega assado e temperado à mesa dos canibais de animais. Isso é o que o ser humano chama de "sua vida". Disso se deduz entre outros o lema: "Eu mesmo sou o meu próximo"!

E o alegado "milagre econômico" nos laboratórios de animais diz: experimentar em animais vivos o que poderia ser de benefício para a coroa satânica, o ser humano. Se o animal torturado e submetido a tormentos que supostamente serviu de progresso científico tem cumprido o seu serviço, então se elimina o cadáver.

Os espíritos eclesiásticos tradicionais que conturbam, e nos quais acreditam muitas pessoas, inverteram as declarações claras de Jerônimo, como já mencionado. Eles também fizeram acreditar os seus fiéis que os animais não têm alma, não têm sentimentos; e que as plantas são apenas matéria sem vida. Como resultado desta caiação, que é a ordem das tropas negras, sofrem ainda mais animais. De forma parecida aos seus irmãos, também eles são assassinados e sua pele, que se lhes arranca, se prepara para servir às chamadas "belezas" cujo sentido de vida é a de brilhar com gorros, com capas e casacos de peles e coisas similares, com a esperança de serem assim as mais bonitas. Mas antes da pele de animal ser curtida, portanto preparada, os animais foram capturados em armadilhas cruéis ou tiveram que vegetar nas chamadas "fazendas de peles", toda uma vida infernal, fechados em gaiolas de arame. Assim adorna a dinastia cadavérica humana o que ela chama de "sua vida".

As muitas, muitas espécies de animais do mar, da terra e do ar, clamam ao seu Criador, pedindo ajuda! Também a pesca, igual a pesca excessiva, nos oceanos do mundo, para agradar o "eu mesmo sou o meu próximo" faz parte do assassinato ao mundo animal.

Seja primavera, verão, outono ou inverno, as árvores podem ser cortadas ao longo do ano, a critério do ávido assassino da natureza, uma vez que de acordo com os espíritos eclesiásticos tradicionais que conturbam, as plantas, igual aos animais, não tem vida dotada de alma. A Terra, vista como um todo, está, portanto, à mercê de saqueadores e ladrões, porque o mencionado ensinamento qualifica e denigre como matéria inanimada a todas as formas de vida, com a exceção da "coroa promissora da criação", que há muito tempo se vendeu ao submundo, "fatalistas de perdição", tornando-se escravos de suas insinuações. Esta tropa bem posicionada e governante ensinou e ensina que o ser humano deve subjugar a natureza. É o que tem feito e faz – de seu modo brutal.

Agora, a Terra com todos os seres e formas de vida clama pedindo ajuda e socorro! Quando os elementos vêm para ajudar a Terra, nos quais, entre outras coisas, atua também o salvador da vida, a vida, as vilezas, as monstruosidades dos seres humanos são atribuídas a Deus e chamados de "mistérios de Deus".

O tempo amadureceu;
a verdade é revelada.
Pessoas que chegaram a ser
conscientes da verdadeira vida,
serão um exemplo para muitos

Agora amadureceu o momento em que o adversário de Deus vai perdendo a sua base na Terra, porque a Terra é e permanecerá sendo o escabelo de Deus, que não pode ser destruída, não importa o quão o clã eclesiástico tradicional acuse Deus. O jogo diabólico assassino, na opinião de poder vencer Deus, se aproxima lentamente ao fim. Os "caiadores" dão cada vez mais frequentemente testemunho de quem são. Cada vez mais pessoas reconhecem que o que até agora parecia sendo branco, se manifesta gradualmente como preto.

Quando a envoltura temporal da alma cair, portanto, quando o ser humano falecer, o perpetrador sob compulsão, o assassino de animais e da natureza, que causou caos na Terra sem consciência, como alma tem de reconhecer o que significa a vida, e quem é a vida. Todos os animais massacrados dentro, sobre e acima da Terra, ou seja, todos os animais das florestas e dos campos, como também os animais de abate e os animais da água, todavia também os animais nos laboratórios, um dia ressuscitarão na alma como imagens de sofrimento e de horror. A alma não pode se esquivar dessas imagens, porque foi a obra cruel do ser humano, que ele introduziu na sua alma e nas constelações planetárias, que agora são as moradas da alma.

Algumas almas no mais além pensam, "agora me libertarei destes tormentos e irei para uma nova encarnação". No entanto, antes da alma, que gravou tais crueldades, reencarnar, é instruída. Ela é instruída em tudo o que vai acontecer com ela. A poesia citada ao começo, "A vida que eu mesmo escolhi", torna-se viva nela, e, finalmente, terá de reconhecer que a vida terrena anterior, como ser humano, que está gravada nela, algum dia pode cair sobre si. Numa nova vida humana, se manifestará uma parte das gravações passadas, segundo a lei: "o que o ser humano semear, colherá".

Assim, acontece o que acontecer: A alma, que agora é um ser humano novamente, trouxe consigo o não expiado. Em algum momento chegará os dias em que uma parte da semente pressionará para ser colhida. Só se pode esperar que, então, quando a envoltura humana tenha atingido a sua maturidade, o ser humano não siga agindo como numa das encarnações anteriores. Em qualquer caso, em algum momento irromperão essas causas, tanto sendo alma no reino das almas, ou como a alma num novo corpo terreno.

Abençoado é aquele que aproveita o tempo na sua trajetória como ser humano na Terra! Abençoado é aquele que reconhece a tempo os "caiadores" eclesiásticos tradicionais, aos quais talvez o ser humano estava submetido, e aprende disso! Com a ajuda do Cristo de Deus, pode desenvolver o arrependimento e chegar a pedir perdão. Então ele resiste às renovadas persuasões, pois não faz mais o que não é bom.

As pessoas que vencem a sua vida terrena nesta consciência, contribuirão para que mais e mais pessoas se apartem da magia negra e sigam o caminho do arrependimento e purificação da sua culpa. Elas se orientam cada vez mais aos Mandamentos de Deus e aos ensinamentos do grande mestre da sabedoria, Jesus, o Cristo, ao Seu Sermão da Montanha, que é o caminho para valores mais elevados.

Assim, elas reconhecem a verdadeira vida e encontram o amor a Deus e ao próximo, que é a unidade da vida, ao qual pertencem os animais, a natureza, os elementos, toda a vida, sobre, dentro e acima da Terra. A vida é Deus. Somente Ele, Deus, é o doador da vida. Somente o ser humano permite-se negar a vida aos seres humanos e tirar a vida de forma cruel aos animais e a natureza. Quem é o perpetrador sob compulsão contra os animais e a natureza? Aquele que está contra o doador da vida, Deus. Isso é magia negra, que apresenta enganosamente como branco tudo o que é tenebroso. A chamada de muitas pessoas, que têm encontrado o discernimento, é a seguinte: Oh ser humano, desperta, antes que sua alma abandone a sua envoltura, porque a lei da semente e colheita algum dia se manifestará. Examina, oh, ser humano, como é a sua semente, porque isso vai ser um dia a sua colheita. Isso vale para todos nós.

O dia de cada pessoa é um indicador do caminho para o bom, menos bom e o ruim. Cada dia traz para cada pessoa o que as constelações planetárias irradiam ao ser humano através da sua alma.

Caros leitores, uma trajetória consciente na vida terrena desejamos a vocês e a todos nós. Todos nós somos irmãos e irmãs no espírito da Vida Universal, Deus, a quem também dizemos "Pai" no Pai Nosso. Ele é o criador da vida, que é unicamente a vida.

Leia tambem ...

Esta é
a Minha Palavra
A e Ω

O evangelho de Jesus

A revelação de Cristo
que verdadeiros cristãos
em todo o mundo
no entanto conhecem

Esta revelação abrangente de Cristo vai muito mais além do conteúdo da Bíblia. Esta grande obra nos oferece uma visão global daquilo que foi, que é – e daquilo que será.

Baseado no "Evangelho de Jesus", um texto evangélico existente fora da Bíblia, Cristo mesmo se revela através de Gabriele, a profetisa e enviada de Deus, dando detalhes da sua encarnação aquando Jesus de Nazaré.

<u>Do conteúdo:</u> Infância e juventude de Jesus • A falsificação do ensinamento de Jesus de Nazaré durante os últimos 2000 anos • Sentido e finalidade da vida na Terra • Jesus ensinou sobre a lei de causa e efeito • Requisitos para a cura do corpo • Jesus ensinou sobre o matrimônio • O Sermão da Montanha • Deus não se ira e nem castiga • O ensinamento da "condenação eterna" é um escárnio de Deus • Jesus expôs os escribas e Fariseus como hipócritas • Jesus amava os animais e sempre os defendia • Sobre a morte, a reencarnação e a vida • O verdadeiro sentido do ato de redenção de Cristo • e muito, muito mais!

Inclui uma breve autobiografia de Gabriele

1128 páginas, Pedido no. S 007pt, $15.00, ISBN: 978-3-89201-798-1

Quem foi
Jesus de Nazaré?

A sua infância e juventude

Um livro que oferece muitos aspectos de sua vida que não são conhecidos dos evangelhos tradicionais das instituições eclesiásticas, assim dando ao leitor a oportunidade de chegar a conhecer o homem Jesus de Nazaré de uma nova maneira.

As suas descrições incluem, por exemplo: Sobre os seus pais, Maria e José – As suas lutas anímicas – O seu amor aos animais – O começo dos seus anos de ensino. Este livro toca o coração, pois a sua vida foi um símbolo para a humanidade.

48 páginas, Pedido no. S 170pt, $ 5.00, ISBN. 978-1-890841-72-0

Aquilo que deveria
ficar oculto de você

Reencarnação

Um Dom de Graça da Vida

Para onde vai a viagem
da minha alma?

A reencarnação é a chave para compreender o sentido e a finalidade da nossa vida na Terra. Porque o conhecimento desta lei foi perdida? Como seria o mundo hoje se este ensinamento não teria sido oculto pelas igrejas? Que diferença pode este conhecimento fazer para a nossa vida atual na Terra?

80 páginas, Pedido no. S 380pt, $7.00, ISBN: 978-3-89201-795-0

O espírito livre

Deus em nós

Sempre de novo se fala sobre Deus – porém quem conhece a verdade? O fato é que nenhuma pessoa pode provar para outra de que Deus existe.

Por esta razão, vivencia você mesmo: Deus, o espírito livre, está em nós!

Neste livro, Gabriele nos dá motivo para reflexão, impulsos e ajudas, para que cada pessoa possa provar para si mesma que Deus existe e que Ele habita em nós. Assim, cada pessoa pode experimentar Deus ela mesma, e disto ganhar alegria e segurança de que:

Deus está em cada um de nós.

Deus está em todas as formas da vida.

Deus está presente em todas as coisas.

84 páginas, No. S 179pt, $ 8.00, ISBN: 978-3-89201-794-3

Brochuras grátis

* *Não solte!*

* *Encontrar Deus. Onde? Como?*

* *Aproveita o Instante! O que você fizer, faça-o por completo!*

* *"Onde dois ou três estão reunidos em meu nome, ali estarei no seu meio"*

* *O Jovem e o Profeta*

Com prazer mandamos a nossa lista de livros e CDs.
Casa Editorial Gabriele – A Palavra
Max-Braun-Str. 2, 97828 Marktheidenfeld, Germany
www.casa-editorial-gabriele.com / info@espirito-universal.org

www.ingramcontent.com/pod-product-compliance
Lightning Source LLC
Chambersburg PA
CBHW061145160726
48006CB00038B/2251